AF234940

# ÍTACA BAJO EL MAR

# ÍTACA BAJO EL MAR

Ángel Antonio López Ortega

© Ángel Antonio López Ortega
© Fotografía de solapa: Héctor López Mbenoun

© Añil desarrollo gráfico, S.L.
Mahalta ediciones es un sello editorial de Añil desarrollo gráfico, S.L.
www.anil.es
www.mahalta.es

Primera edición: enero 2024

ISBN: 978-84-126916-8-9
Depósito Legal: CR 2-2024

Impreso en España
Diseño y maquetación: Añil desarrollo gráfico, S.L.
Impresión: Safekat, S.L.

*Para María Eugenia y Rubén,
que hallaron tierra firme lejos de casa.*

*Para Laure, que, como Calipso,
me esperaba en una isla.*

*...el anhelo del mar
andará en tu sangre; y las olas
te hablarán, cubriendo
tu amor de una fragancia secreta.*

Constantino Kavafis

# I
# El otro mar

# PLEGARIA

No susurres, musa, mi nombre al aedo. No me hables de aquel hombre de ingenio estéril que destruyó la ciudad de Troya y penó de isla en isla hasta los brazos de la diosa y que en todas deseó permanecer antes que retomar el regreso aborrecible. Ese hombre, buen esposo y padre, ese héroe que pregonan los siglos, no existe y su nombre se ha borrado con la sal y el agua del último naufragio y sus pies, que eran el camino, echan raíces en esta isla rocosa y feraz, tan árida y yerma en su naturaleza como pródiga en bellezas que excitan los sentidos. Y tú, músico, no temples tu cítara por tal hombre, arrójala a la arena y entierra también el aulós y, si deseas tocar, trae el caramillo y la flauta y entona un aire llano de esta tierra.

## Aulós

Procesión lenta desfila en la memoria
eco de aciagos banquetes
música de aulós.

La música se hace centro y ocupa el corazón
al encuentro de la sangre
mientras los cuerpos se entrelazan como raíces
y el miembro de la generación se inflama
a la llamada oscura en que los animales se despiertan.

Ya no existe el palacio
solo las ejecutantes
su lino blanco.

# ODISEO Y EL MAR

No puedo mirar el mar. Por el día, con su inaudita extensión de agua, las crestas de espuma, su falaz color de vino. Me inquieta incluso al atardecer, con sus colores dorados y el incendio del cielo que hierve en las aguas. Y por la noche, con su respiración salvaje de gigante que nunca duerme. Me parece que me reclama, que me empuja a zarpar, a surcar su traicionero lomo erizado. Pese a la costa escarpada y al deseo de mis hombres, que felizmente me retienen en esta torturada tierra de cipreses y olivos. Hace mucho que no logro dormir si no es en brazos de la maga. Me es odioso el recuerdo del hogar y la promesa conyugal dada en mala hora. La diosa de los sortilegios sabe darme los caprichos que me placen, introduce en mi boca, con sus hermosos dedos, uvas y dátiles y me sirve vino perfumado mezclado en exquisitas cráteras y me ofrece sus labios, mientras los crótalos de sus muñecas y sus tobillos obran el milagro y duermo en su regazo y la isla que quisiera olvidar desaparece en el piélago espumoso y doméstico y sus cabras que pastan sobre la árida tierra se ocultan para siempre tras la ladera. Y la música natal de siringas da paso a las cítaras sentimentales cuyo plectro tañen bellísimas siervas de la maga. Mi mente se abandona poco a poco y solo recuerda los labios dulces y afrutados de la deidad y las danzas de las doncellas, con sus exiguas clámides transparentes vibrando al viento, encarnación del mismo viento, del aura que sopla del mar. Y poco a poco se apagan los broncos tambores natales y las agudas y toscas flautas de los pastores y mi mente se disuelve en la tregua de la noche.

## MARES Y ESPEJOS

A fuerza de mirarlo ya no existe
solo la irritación de los ojos.

Por el espejo del mar
entran y salen los recuerdos
fuego que no quema
herida que no cierra.

Por el oro vertido del ocaso
se derrite en las aguas
el plomo de los sueños
y el resplandor mismo
dormido se amorata y verdea
en la pureza vacía de la noche.

Pero no viene otra aurora
al paso del estrecho
que antes recorrió
la mirada anhelante
agrietada de estrellas fugaces
mientras hienden lentamente las aguas
y los ojos se hacen inmensos
en la pupila de la noche.
Y por un instante es el corazón latiendo
y por un instante la llegada solemne de la muerte.

## Donde empieza tu historia

Ahí, en la respiración salina de la que nació el mar, ahí empieza tu historia, en la inmovilidad de tu exilio infinito. El regreso es ese exilio infinito, ese relámpago que ilumina tus ojos cada noche. En una playa de guijarros, ahí. Ese es el centro, el principio y el fin.

Pero recuerdas. Con cada ola que lame tus pies encallecidos. Retazos de otras vidas, narraciones para las que no hay palabras ni música ni labios que la reciten. Rompen contra la playa y depositan otros sedimentos, sal, amargura, dolor, la mala conciencia. Fue tu vida también, aunque parezca la noche del éter, la negrura del caos antes de que se abrieran tus pestañas de sal en esta costa de poniente.

Y recuerdas. Tú llevaste al Pelida ante las murallas de su destrucción, tú alzaste su nombre por encima de los siglos. Y con él arrastraste a Héctor y a toda su estirpe y también la elevaste del olvido. Tú creaste el caballo, las crines de la muerte, el vientre por donde enrojeció de fuego, la ciudad odiada por la costumbre, bella en el recuerdo, abatida en su colina aún humeante frente al estrecho de Dárdanos.

Y el recuerdo te muerde en el estómago. Tú participaste en el reparto de las cautivas, aquellas mujeres que recogisteis de los escombros. Y tu corazón no se agrietó cuando supiste que Astianacte sería despeñado y Polixena sacrificada por el fantasma de Aquileo, como espejo de Ifigenia, por haber revelado la vulnerabilidad de su talón, precio para que las naves zarparan y se iniciara el regreso. Tú, saqueador de templos, el que mató y violó ante el espanto de Casandra, el que fue feliz en la guerra. Tú, que odiabas el regreso.

Y recuerdas las formas de vida que te reservaba el mar, el ojo ensangrentado de Polifemo, los monstruos del estrecho robándote a tus hombres, las islas extrañas, los amores en brazos de las diosas, los vientos contrarios, la ataraxia del Hades, el perfil de tu tierra alejarse felizmente para ser engullido por las aguas.

Y eres un hombre nuevo. Así late tu corazón, viejo de mil batallas, con un redoble nuevo, el germen de la eternidad entre las piedras. Tu fuerza renovada para no morir jamás, como no muere el mar. Condenado al exilio y a amores efímeros.

Este es el centro que brota desde el silencio. Y esas risas de las muchachas son las voces del paraíso, que hoy comienza para ti. Por unos días apenas, hasta que se renueve el destierro que viaja contigo, hasta que vuelvas a la casa de tu infancia, a los brazos marchitos, al tálamo al que estás encadenado.

## HÉCUBA Y ODISEO

Vosotros       los amos del mundo.
Nosotras     vuestras sombras
las sombras que os acompañan
que incluso en las noches sin luna
proyectan su mancha de sangre
su rastro de lágrimas.

Vosotros       el mar proceloso
las naves cóncavas sajando las playas
las naves que hicieron cóncavo nuestro mundo
y nosotras       los vientres estériles
el polvo de los templos abatidos
las urnas pisoteadas de nuestras casas.

Vosotros       los raptores de sombras
quienes repudiaron nuestros cuerpos avejentados
quienes abandonaron cautivas en Tracia
y en la soledad de islas sin nombre
quienes lanzaron nuestros cuerpos de mujer
y la historia ancestral de nuestro pueblo
al vacío tembloroso de las ruinas
para que entremos como mendigas en el Hades.

Vosotros       señores del mar
que os cubríais los oídos
para no escuchar mi llanto
vosotros       que no habéis perdido vuestros hijos
y nosotras       convertidas en perras por los dioses
por dioses que también nos han abandonado.

¿Qué nos queda      Odiseo
en este mundo de bruma
en este mundo sin luz?
¿Qué luz despertará aún nuestros ojos enrojecidos?
¿Adónde irán nuestras almas extraviadas?

¿Y qué os queda a vosotros      Odiseo
qué rincón del mundo aún no habéis sometido?
¿Cómo viviréis de ahora en adelante
qué relieve tendrá para vosotros la vida en la tierra
en qué isla esconderéis vuestra soledad
vuestra tristeza
vuestra violencia?

## VISIONES DEL HADES

La muerte no me asusta. Ya he estado en la niebla
ígnea del Hades, entre héroes de niebla y familiares
de niebla, conversando con ellos en su paz triste y sin
emociones. Cada hora estoy más próximo a ellos. La
extinción se acerca. A veces rememoro las estancias
oscuras del inframundo y las almas melancólicas que
por allí deambulan, resignadas sin esperanza.

Ahora que vuelvo a pisar el Hades, me duele el ojo
vaciado de Polifemo y la matanza de los troyanos dor-
midos. Me conduelo de haber abandonado en Tracia
o matado a Hécuba, ya no lo recuerdo. Ni sé por qué
me conmuevo. Me apiado de la arrogancia sometida de
Antínoo, disculpo la amabilidad engañosa y traidora
de Penélope. ¿Por qué la maté si a fin de cuentas ya no
me importaba? Me avergüenza la sangre tantas veces
por mí vertida y me queman mis palabras a menudo
ladinamente proferidas.

En esta niebla, mis ojos en niebla, mi carne nebli-
nosa, mi memoria que se disgrega para formar parte
de la niebla, la descomposición de todo, la niebla de las
palabras, la niebla eterna, la niebla, la ataraxia, la nie-
bla.

## El otro mar

Nunca sale todo el veneno de las palabras
    tras ser proferidas.
En el silencio laceran todavía
    se remueven
    agitan su trazo y su eco
    anhelan una paz imposible en la conciencia.

Lisonjas que fueron preludio de la sangre
efímeros propósitos de amor
fogonazos de arengas y discursos.
Mil vocablos que surgieron de mi garganta
como estrellas lanzadas al firmamento
dulces y certeras como trampas
para levantar un vuelo ligero
al desprenderse de los labios
pesadas sin embargo al atravesar el ponto
aves cansadas de sus plumas
que apenas pueden batir las alas.

Con razón algunos me odian al oír mi voz
pues fue mi sino herir con la palabra
y con ellas también me sublevé contra los dioses.
Quizá desconozcan que
        aún más que a nadie
me lastimaron a mí
        en lo más profundo
a este vagabundo de los mares
siempre adheridas a mi piel
siempre al acecho

en este otro mar en que navego
donde nada es aparente
          pero está
sin oleaje
          sin espuma
                    sin salitre
con remolinos invisibles
abisal en sus colores estancados o disueltos
donde no llega apenas la luz
ese otro mar de las palabras.

# II
# Un héroe, una diosa

# El encantador de serpientes

Porque se cantaron sus hazañas y aventuras
y los dioses socorrieron siempre sus plegarias
porque fue marido y rey y se llamó Nadie
y en las colinas de Asia reventó la noche
y las hogueras en el vientre de un caballo
y en cada isla durmió al raso y amó una mujer
la vida de su corazón se consume extenuada.

Sentado como un faquir de tierras remotas
la mirada gris y el gesto imperturbable
en el ágora donde se reúnen los muertos
a escuchar los hipnóticos sones de sus días.
En ese cesto vibrante el milagro se desenrosca
y aparece llama vertical tanteando el aire
Odiseo encantador de serpientes en la vastedad de la plaza
Odiseo el nombre de la sierpe encantada
el baile oscilante
la lengua bífida
la lengua
el recuerdo lacerante de mil heridas
ante el viaje tanto tiempo esperado.

## Imprecación

Malditos sean los enviados alados de los dioses que perturban mi sueño y como plaga me recuerdan cada semana la obligación del regreso y la venganza, en lo mejor del día, en los placeres más dulces. Me han dejado una clepsidra, para que su contemplación me atormente, pues saben que es justamente el tiempo lo que deseo perder y olvidar. Maldita conciencia, infausta obligación sagrada. Esta es la enfermedad que heredé de las deidades que moran en el Olimpo, enemigos del amor mortal y de la libertad y de las tramas que de ellos surgen y que ellos jamás pudieron idear.

## Contra la diosa

Han traído dos exvotos para la diosa
que        como sombra funesta
amarga mis días.
Pues no me protege ni me guía a una vida feliz
tan solo consuma el hado y la verdad insulsa
de su designio
la trama que me han impuesto los dioses
como traslúcida marioneta de Oriente
como sombra
y no como cuerpo que ama.

Entre los exvotos
mi destino lastimosamente detenido
crece otra imagen más cruel de la diosa
mi vida de ave que reposa en cubierta
de la migración sin fin.

Exvotos porque he vuelto
y con mano lacerante he tensado el arco.
Contra los que te pretendían        esposa
(aunque yo        contra ellos        nada tenía).
Contra ti        por haberlos traído
contra ti        por dejarte seducir

contra mí        por no haber sabido
cómo
liberarme del yugo de Atenea.

# NADIE

Las manos y el aliento de Nausícaa, la erección en el desmayo, los cantos de las sirenas (ese dulce silencio que solo se poblaba en el alma), los muslos morenos de Calipso, los ojos de Circe, a todas las tentaciones que habitan los puertos y las ensenadas. Vosotras, que allí estáis, aún desconocidas, que perdéis a los nautas. Por ellas habría abandonado la astucia y la mentira, por ellas también la palabra, que excava heridas incurables en el espíritu. Por ellas las guerras olvidadas y las guerras de los héroes, que ya no son de nadie y ni mucho menos mías.

No temo al inframundo, que ya pisaron mis pies. Mío es el Hades cada día más familiar y cercano. Mía, ¡ay! esta languidez, este entumecimiento de mis sentidos en el triste hogar de Ítaca, el olor a ganado de monte y a ajo en los calderos, la oscuridad de los muros espesos donde la luz de la vida no penetra más que con hilos tenues y para templar un ápice el desánimo, para mantener justo la comedia de la existencia.

## ¿ESTA VIDA LA HE SOÑADO?

La habré soñado
un travieso demonio se viste con mis ropajes
e hila en el telar de la noche
bellos colores     encendidas escenas
con una hermosa coraza y una espada
con grebas que relucían bajo el sol
de Asia Menor
una mancha negra de escudos en la colina
al pie de las murallas
que se pierden en el cielo
el esfuerzo de los héroes.

No soy yo el que avanza con la lanza enrojecida
no son esos mis pies
ni mis brazos remando en el mar bravío
hacia la nada
hacia desgracias infinitas
y mujeres hermosas que besan mi cuello
y me nutren de gruesas uvas
y me dan a beber de sus copas.

No son mías estas palabras
me traicionan     dicen otra cosa     me traicionan
no perduran
migran
al acabarse el verano
y la historia se hace más sombría
pero resurjo siempre del vientre marino
para renacer en cada isla

en el interior de una hermosa mujer
las ciudades son algo muy lejano
no respondo por mi nombre
no soy yo
solo es un nombre
oído en cualquier narración de gestas
imaginación del aedo
las imágenes que este demonio desconocido
me talla con su buril.

No me recuerdo así
solo cuento chistes y anécdotas
en las plazas de la isla
en las fiestas de los hombres
que se disputan el amor de Penélope.

# LAOCOONTE

También él era un hechicero
Pero eras tú     con tu ingenio y tus palabras
mucho más poderoso
y tenías a la diosa de tu parte
a la serpiente monstruosa de las aguas.

A ti la voz y el verbo en el lado del fuego
     en el del resplandor de la llama
     jabalinas de la muerte
     de la sumisión de los pueblos
     la precisión de relojería del plan
     la victoria que se desgrana
       inexorablemente
     en la transparencia del vidrio.
A él la voz y las palabras de la verdad
     de la desesperación
     y el abismo
     los estandartes pisoteados por los cascos
     de los hijos que mueren bajo su propio cuerpo
     camino del Hades
     en una mortaja de espuma.

Tú     inmortal por los poetas
     y los años del regreso
el sometimiento de las aguas
la aciaga vuelta a casa
las tierras donde poder vivir
la felicidad y los amores perdidos.

Él     Laocoonte          hombre sin máscara
ignorado por los ciudadanos de Ilión
          el único al que no pudo confundir tu ingenio
y olvidado por el dios al que servía
infausta lucha contra la serpiente
funesta destrucción en forma de caballo
y el fuego que le arrebataron
cuando prendía ya la madera de la muerte.

## Odiseo cuenta su vida a Alcínoo

Querría ser animal de tierra, reptar por la tierra mojada bajo el sol de la mañana, aunque el vientre al rojo, aunque la tierra y las piedras, las piedras y el barro. Y no animal de agua, rehén de los vientos, juguete de los dioses en cólera. Las hazañas, estas hazañas, no son suyas. Capricho de divinidades del mar, caprichos del Olimpo. O suyas en otra dimensión del tiempo. En un tiempo lento y agobiado por el azar y la imprevisibilidad de los elementos. ¿Por qué contarlas ahora, antes de los juegos, ante el rey de los feacios? ¿Qué orgullo pueden producir, qué vanagloria obtener de ellas, qué de admirable hay en todas esas historias?

Érase un guerrero en una isla de poniente. Un hombre que surcó los mares para arrastrar al polvo, que no al olvido, una ciudad de muros inexpugnables, por el espectro de una mujer, un hombre que fue vomitado por el mar cien veces en tierras extrañas, un hombre fuerte y sagaz del que se enamoraban las diosas, un hombre que había perdido a todos sus compañeros y que volvía de las aguas como un delfín desorientado, varado en una playa.

El palco, lleno de los que escuchan. Alcínoo a un lado, su hija enlazándole el cuello con sus blancos brazos; del otro los cortesanos principales y sus mujeres ávidas de hombres aguerridos de hermosas grebas de bronce. Un silencio de moscas, una brisa tórrida y húmeda. La respiración de los pechos.

Esa no es la historia de Odiseo. Las palabras surgen de sus labios, forman entonaciones nuevas, emociones inusitadas, aquello nunca sucedió y solo se enhebra en el telar de su voz, en el tapiz de la propia alucinación. ¿Para quién es esta ficción? Los ojos de Odiseo se han vuelto soñadores con las escamas de la narración. Pestañas que cubren el deseo de otros labios, de ser abrazado por esos ebúrneos brazos que acarician los hombros de su padre. ¿A quién mira el narrador cuando habla, además de al interior de su corazón? No al rey ni a sus cortesanos. A Nausícaa. Solo para ella el relato. Para cautivarla, para que sueñe con él y lo admire, para que quien ya tiembla de amor lo desee esta noche y se escape de la vigilancia de palacio y comparta su lecho. ¿Qué sería de un hombre sin el arrobo de una mujer? Ya la ha visto desnuda y el fuego también a él lo consume. El arpón de la lujuria.

Un hechizo para esta noche nada más, antes de zarpar. Aunque aquí todos desean que se afinque. El trono le aguarda. A todos los ha hechizado. Todos quieren entroncar con quien ha domeñado a la gente de Ilión. Y él más que ellos. Una noche nada más. Después, nada de Odiseo quedará en aquella tierra, como no sea la semilla en el vientre de Nausícaa, la de los blancos brazos.

## El héroe y el mar

Hacerse azul, amoratarse
hermanado
     conviviendo
         con la sombra
desdibujarse como ella
    como arenisca
bajo el cielo velado por las nubes
los poros abriéndose
     disolviéndose el contorno
la raíz de todo
en el sueño sin sombra.

# III
# Islas y amores

## LOS LOTÓFAGOS

¿Por qué      Odiseo
obligaste a tus hombres
a regresar a la patria de la infancia
a la isla de pinos y cipreses y viñas
      la de grandes rebaños de ovejas
      la de acantilados y hermosas bahías
      la de pocos caminos
      la de tierra sometida
a la tiranía indiferente del mar?

¿Por qué te enojaste de su placentero sopor
de sus ojos soñadores bajo las palmeras
de la molicie de sus cuerpos recostados
que daban      en la playa      la espalda al mar?
¿Por qué te ofendiste cuando prefirieron
otra tierra
            otra gente
                  otros manjares?
¿Acaso para los navíos la exigua Ítaca
es la única rada en la que fondear?
Los heraldos que enviaste no deseaban
      ya partir
habían hallado un lugar al fin
después de tantos años y trabajos
y su alma estaba en paz
en brazos más gentiles.
¿Por qué      Odiseo
si tú no anhelas otra cosa
si sientes los mismos deseos que ellos

si no hay día que no ruegues a los dioses
lejanos que reconsideren sus designios?

¿Por qué exponerlos nuevamente     Ulises
a los peligros del piélago
a la ira del dios?
Helos en cubierta: afligidos e inanes
       como sombras
aún presa del hechizo
y sus labios no pronuncian otro nombre
que el del dulce fruto del loto.
El loto, el loto.

# CIRCE

No puedes confundirme, oh diosa virgen, con tus penetrantes ojos para los que no existe la noche, con tus ruegos y el recuerdo de mi deber ya marchito envuelto en brétema y gas. Aquellos días son la crisálida de este en que despierto cada mañana, anterior a la hierba, a punto de ser eterno, a punto de ser. Un resplandor te precede y te anuncia, aunque es en vano. Porque el mundo que me quieres revelar es viejo y cada culebra repta y cada planta estira su tallo bajo el sol, según el propósito que han impuesto los dioses.

No quieras cegar mis ojos con el resplandor de tu manto. Es en vano, porque este mundo es nuevo y la luz queda en suspenso cada día para reinventarse cada mañana con la aurora y el rocío y los pájaros que mudan de melodía y de vuelo y de color de sus plumas. Cuando veo la hermosura del mundo no solo lo veo, sino que lo bebo en esta copa de vino perfumado y es libado nuevamente en mi corazón. Cada ser tiene su herida, pero aquí todas se curan, el dolor se avienta en las ventanas y la guerra se despeña por los desfiladeros, porque aquí son otros los hilos de la trama y otras manos los tejen y manejan. O quizá no hay hilos, solo cuerpos y una explosión de los sentidos. Y el gozo como único horizonte y un tiempo sin edad.

El bosque de la isla es denso y el mar tan blanco y quieto que parece desierto salino. La llaman Eea sus labios y en ella moran las almas arrebatadas por su encanto. Ella es la dueña de todo. Sus dedos urden un gran telar, como alguien que conocí en el pasado y que,

¡ay! no logro recordar. Pues ella es hermosísima y no precisa, como dicen, de hechizo alguno. Basta la contemplación de sus ojos y de su cuerpo para no desear otra cosa que servirla para siempre. Y apurar las copas que sus labios acaban de probar.

Pájaro carpintero es lo que he elegido ser, pero la diosa no lo ha querido consentir. A veces soy una sierpe de plata, otras un pelícano, otras un gorrión de la mañana. Pero a la noche he de regresar a mi cuerpo curtido de marinero para estrecharla entre mis brazos en el tálamo. Entonces me canta un nocturno y el mundo se detiene y la sangre hincha mis venas y algo dulcísimo sucede. Algo. En mis venas. Un torrente, un manantial de los sentidos, hasta desvanecerme en la noche. Y después de los embates del amor me canta una alborada, porque ya despunta el sol y he de abandonar su lecho, para adentrarme en el bosque, en cuyas zarzas dejo mi sangre, en donde se abre un claro, una transparencia nueva en mi corazón. Aunque todo, en el fondo, está hecho de su voz y sus palabras, desde el carbonero más humilde al halcón. Y todo está revestido de su luz y de su aliento. Para quien, como yo, aprende ahora a respirar y a ver y a embriagarse con los sentidos, esa es la lengua que he de aprender, anterior a los dioses.

Al mediodía, sin embargo, algo sobrevuela, con su vuelo extraño, talar, por los acantilados. A la sombra de un pino fabrico mi arco. Esta vez no podré fallar.

# No fue Afrodita, sino Afrosine

Ni siquiera permanece aquel sol.
Ya no.
Otra luz que beben ahora sus criaturas
desde el orto al ocaso
una luz gris
sin transparencia
que se condensa en los cristales
y en las hojas de las plantas.

Aquella luz diáfana
en los rayos destilados
en los ojos de las diosas
la lujuria triunfadora       y no el amor
el fervor de la carne
en el juicio del troyano.
No era Afrodita, sino Afrosine
la promesa del cuerpo
como redención del alma
la certeza del vértigo y el relámpago
la evidencia de que cada átomo de piel
participa y crea el mundo
en cada acometida.

Por ella la guerra
por el placer arrebatado
la belleza hurtada a los ojos
la rebelión ante la miseria cotidiana
vuestra envidia       vuestro rencor.

Ahora tu corazón late
de nuevo esclavo de Afrosine
en la isla de los placeres.
Ahora tu corazón bajo la luz de entonces
el regreso del fulgor
la nueva vida de la sangre
la luz que ha recobrado su antigua claridad
tu corazón que por fin comprende
tu corazón
al servicio del instinto atávico
al servicio de la desaparición del universo.

## La tristeza de las sirenas

Desdichadas criaturas, las más desventuradas del océano, acusadas de perfidia, de tentar fatalmente a los marineros. Aquí estaban, en su promontorio rocoso, junto a los huesos blancos de los que embelesados trajeron las olas en pos del placer y del conocimiento. Aquí estaban, entre el cielo y el mar, las acompañantes del Hades, las voces que deleitaban las naves, las flautas de fémures sopladas por labios húmedos de sal.

Odiseo las escuchó; lloraban su soledad y se compadecían del destino fatal de marinos que no sabían nadar. Odiseo las escuchó, aunque antes había yacido con ellas en la isla de Circe, desde que ella lo previno. Esos seres de la espera habían imantado su imaginación. Allí estaban, con su aliento a almendras, aquellas voces agazapadas en el promontorio, en la espinosa cortina del mar, que con la efervescencia erizada de plumas blancas se expanden y en las olas sustituyen a la sal y hacia los nautas y sus naves se dirigían con ecos amargos y dulces, fascinación de los vivos por los muertos. A ellas, que ataban y desataban, que encadenaban y desencadenaban.

La de bello rostro, que no necesitaba de su voz para enamorar; la de palabras de miel; la que deleitaba el corazón; la que persuadía con el timbre de sus cuerdas vocales; la que recordaba a la musa; la de belleza mortal. Allí se hallaban todas, como colonia de pinnípedos sobre la roca. Las que cantaban juntas o alternas con el bálsamo de su voz, irresistible melancolía; las que no se cansaban de mirar el amor imposible de los barcos que pasaban, aquella condena eterna que arrebataba el sentido de los marineros. Esas voces que suceden a las olas y llegan como una nube a las naves, esas voces aún vivas, única libertad, en medio del oleaje, voces viajando, expandiéndose, como el universo, por las aguas del mundo.

Solo Odiseo supo comprender. Celos de la maga, no eran más que celos de la maga, para que no cayera en brazos más placenteros. Bajo su ropa penetraron las más arcanas melodías, evocación del principio de los tiempos, y acariciaron su oído con su lengua fresca y buscaron y estremecieron su sexo. Esto imaginó Odiseo noche tras noche, bajo los cielos del mar color del vino, hasta que se hizo realidad en el mástil de su nave, desde el declinar del día a lo más profundo de la noche.

Las comprendió, pero pasó de largo, atado por sus hombres. Porque más fuerte que la tentación era el deber más tenebroso, el tormento del regreso. Y les habló y contempló sus rostros angelicales y tristes, sus piernas esbeltas, sus brazos que hacia él se tendían. Y pasó entre lágrimas y les dijo a gritos, cuando ya ni siquiera cantaban, que las amaba, que las amaba con todo su corazón y que no las podría olvidar.

Y aún escuchó el chapoteo de cuando cayeron al mar, una tras otra, ahogadas sin remedio. Y vio a Parténope enredada en unas algas, con sus cabellos mezclados en los verdosos filamentos, bellísima, como surgida del fondo del mar, cantando todavía una tonada de amor que tenía los versos de su nombre, viejos versos aqueos, hasta que se confundió en la voz marina, en la salvaje respiración del mar.

Y Odiseo se alejó impotente atado al mástil y le entraron náuseas del mar y de la crueldad de sus dioses. Y maldijo nuevamente a Penélope y a su isla insignificante y aciaga, que tantos sacrificios le había impuesto para poder volver.

## CALIPSO

¿Por qué    oh diosa    tus ojos de lechuza
han velado tantas noches
en la agonía del mar?

El fulgor de tu mirada sombrea de espuma glauca
las olas que baten la nada que respira
con la respiración salvaje del mar
a la espera de los vientos desatados de la tempestad.

¿Por qué escrutas la vastedad del agua
en procura de la isla de Ogigia
y husmeas en la cueva de la Atlántida
como esposa mortal presa de los celos?
¿Qué hado inaplazable ha de cumplir el itacense
que se solaza en los brazos de la bella
bajo la promesa de la eterna juventud
y los placeres sensuales sin fin?
¿Por qué hurgas en su herida
por qué tus manos están llenas de sal?

Cien veces el mar lo lanzó a las profundidades
cien veces resurgió en brazos de una mujer
o vomitado por las olas y las corrientes
cien veces arraigó en lecho perfumado
y encontró el consuelo de la carne
cien veces la expulsaste del seno caliente
que lo nutría y del gozo sin cuento de los días
para coger los remos nuevamente
en el horizonte neblinoso y el sol difuso del piélago.

Míralo aún    no ha construido su balsa
y desconoce que algún día ha de zarpar.
Contempla su barba feraz y su piel dorada
los labios recios que buscan una y otra vez a Calipso.
Si esto es un prisionero
es que nada sabes de hombres ni de amores.

Aguarda todavía    no llames al heraldo de alas talares
sobrevolando el ponto violáceo
rastreando los acantilados
en busca de la gruta nupcial
donde sus hijos corretean.

¿No escuchas acaso la hermosa voz
que teje espigas de luz en el cielo
que convoca a las aves del bosque
que hace prosperar los sarmientos de las viñas?
¿No te alegra el corazón
que Odiseo comparta la vida con una mujer así?

Y si has de llevártelo otra vez
sopla con tu aliento su frente viril
y ruega que haya olvidado los besos
las caricias    el sexo cálido    de la hija del titán
las noches interminables de gozo y de paz
la voz embriagadora.
Procura que tus ojos sustituyan los ojos de Calipso
y la noche no recuerde los sueños de la isla
y solo guarde en su corazón el coraje domado
y la fiebre del regreso.

## La peste y el caballo

Estas son las raíces que se enredan en mis palabras, la lengua amoratada por la ponzoña. Estos los campos apestados por donde se arrastrará el caballo, las laderas dóciles por donde sus falsos cascos treparán la colina, el incendio de las espigas sanas, tan solo manchadas por el genio de mi voz.

Las hojas de los árboles eran en realidad imágenes creadas por mis palabras y los frutos suculentos que se arrugaron a mi paso. Palabras con vello en el limbo y el envés, agarradas a sus pecíolos, a sus vainas, a sus ramas, a su origen basal, a mi voluntad de hacedor.

La puesta en escena de una representación estos campos negros, con sus cosechas perdidas al paso del caballo, grande como una colina, los aqueos falsamente agonizantes y sus espantosas llagas.

Estas fueron mis palabras al borde de los acantilados, que reinventaron el mar y su espuma, con sus naves cóncavas, y el sol de los caminos, abrasando las piedras desnudas.

Los ojos de mi mente lo recuerdan. Es más real que los bueyes que aran los campos junto a mi casa, más real que esta tristeza, esta vergüenza, estos malos pensamientos, esta culpa grabada a fuego en mi piel de bronce. Y, cuando cierro los ojos, oigo un galope que hace retumbar las paredes de mi alcoba, golpeando con sus cascos mi cabeza, hasta el desmayo. En los montes lejanos un relincho salvaje, un olor a campos quemados.

# Nausícaa

De la oscuridad del desvanecimiento
mis débiles ojos nublos
en la luz de tus pechos blancos.

Otro naufragio
una niebla distinta perfumada
la piel salina en mis pestañas
racimos de uvas en mi boca
rayos de sol refulgen en sus cabellos
el despertar de mi cuerpo desfallecido
de mis labios resecos
de mi sangre aterida
de mis deseos durmientes en la arena
de mi torrente de hombre mojando la playa
estrangulado por las aguas
el regreso
el fin de la maldición del mar
el único mañana.

# IV
# La maldición del regreso

## Sueño breve

Sueñas que la muerte vendrá en forma de águila (no de pájaro humilde) al mediodía de todas las islas, pues en todas será anunciada. Un águila a la altura de tu orgullo, no inferior al del titán encadenado. No de pájaro sencillo, no de ave canora, porque te recuerden la falsedad de tus palabras, ilusorias al fin, como el canto de las sirenas.

Y sueñas que así eludes a tu hijo habido con la hechicera que vendrá un día a conocerte y a darte muerte, siguiendo el texto atroz de un hado oscuro, y a casarse con Penélope y a enseñorearse de tu hacienda, tu cama y tus armas, quizá empleando tus mismas palabras.

Sueñas que morirás en el mar, sosteniendo tu remo, feliz de apagarte en tu verdadera patria, lejos de cualquier tierra, bajo el sol del mediodía, un día sin nubes, un día sin brisa. El olor de la sal nada más y la estrofa repetida de las aguas.

# Viaje a poniente

Esto que Tiresias Homero y Borges
y otros bardos ciegos te anunciaron
esto es lo que yo te suplico.

Embarca hacia donde muere el sol
y no vuelvas la vista hacia tu isla.
Evita los amaneceres y el sol rubio en su cenit.
Mejor no hagas promesas
ni proyectos siquiera
en el vaho de los vidrios
ni en la arena mojada
o en la clepsidra enloquecida por la navegación.
Irás hacia tu ocaso también
mientras encuentras gentes que no conocen el mar
pero recuerda que       para ti
es más fatídico el orto del día
que las anaranjadas llamas del ocaso.
Tu ocaso está en ambos mares
antes de cerrar los ojos con un remo en las manos
porque      hacia donde vas      solo te espera
una vejez de aventura y el Hades nebuloso.
No este ocaso que te marchita cada día
y la hiel que te abrasa el hígado
más que la piel del centauro al hijo de Alcmena
y el hogar extremo ardiente del verano
y húmedo en invierno
donde solo afilas cuchillos
y extraes las habas de sus vainas
o cuentas espigas en busca de su grano.

Cuántas islas habrá donde se oculta el carro solar
cuántas ninfas bañándose de sus fuentes
cuántas dulces hechiceras
cuántos islotes desconocidos de los dioses.

Perdiste la inmortalidad en la isla de Calipso
mas aún podrás lograr el viaje más plácido
la más dulce navegación
el más sereno pasaje a las nieblas del Elíseo.

## Versión de Penélope

Si le pregunto a mi hijo por mi edad, contempla mis manos antes de abrir sus labios. Que tenía dieciséis cuando él nació, que mis dedos se agarrotaron durante casi veinte años, tejiendo hasta que arrojé al fuego el telar y quemé los hilos, raíces podridas del mal y con ello mis ojos fueron perdiendo su luz —otros diez años—, tal y como se fueron perdiendo los colores del telar — su padre ya estaba aquí—, hasta que dejaron de ver y, ciega, sumo ya nueve años en que al menos no he de ver al monstruo que perturbó mi paz y la de mi hijo y la suya propia también. Yo, que, sin embargo, lo esperaba; yo, que jamás traje a aquellos hombres, que tuve que soportar su lascivia, sus insinuaciones y tocamientos; yo, que, después, tampoco lo esperaba a él y que ya no quería que aquellos días de francachela se acabasen y que el cortejo, ese ritual de apareamiento, no tuviese fin cada noche ni tener tampoco que elegir cuando tenía tantos; yo, que lo tuve que soportar de nuevo a él y sus reproches y sus celos y su soberbia sin edad, más vieja que mis años; yo, que tuve que complacerlo sin apenas desearlo primero y detestarlo después, que deseé su muerte entre lágrimas, hasta que al fin se marchó con su mal viento y sus velas sucias en un navío que ya no volvería, al encuentro del ocaso. Una historia la nuestra como tantas otras, aunque los poetas lo han hecho joven para siempre y yo cargo con una edad infinita, mayor que la que mi hijo me había calculado, porque llevo tanto tiempo acostada junto al mar en esta inmensa bahía jónica de mi infancia, por si viene el barquero; con los ojos puestos en el monte Nérito, a la espera de que se encienda una pira donde tenderme junto a los árboles, con cuyas raíces me hermano, y este agujero en el alma tan grande, tan grande, que crece en el interior de mi seno, que desangra mis palabras.

## PLEGARIA PARA PERSUADIR A FILOCTETES

Hazme        diosa        transparente
haz de mí una sombra blanca
ligero como la brisa
inodoro como el éter
incorpóreo como los cuerpos del Hades
cuando      junto al héroe
que tensaba el arco con más fuerza que Aquiles
susurre que solo él vencerá a Troya
que solo a él le está destinado
abatir a Paris      ante los suyos.
No permitas que mi palabra le ofenda
como años atrás
ni que en mis oídos resuenen sus injurias
que no se hunda mi pecho de la vergüenza
aunque se cumpla el hado
y perezca la ciudad de los caballos
y que      en cambio      no se pueda cumplir mi deseo
de dejar a los aqueos a su suerte
y a los teucros empecinados en una guerra
que no habrán de ganar
mi deseo de amar en tierra pródiga
de saciar mi vigor
en torrentes no empapados de sangre
en el regazo de una mujer
y dormir bajo las estrellas.

## Los reproches de Tetis

Un hombre porta una tea por galerías infinitas de la cueva, intestinos de la montaña. Odiseo y tres hombres más caminan cabizbajos. Huele a salmuera y es que resuena el mar como una caracola. Tetis aguarda en una poza, junto al agua inmortal, rodeado de mujeres. Odiseo descubre entre ellas a Aquiles. Es él, pues en el juego de luces y sombras de la llama destacan su brazo poderoso bajo el manto y los dedos nerviosos sobre las rodillas. El itacense no ha hablado, pero la diosa lo contempla con aflicción, como si viera otro hombre por las secretas galerías, bajo teas azuladas por la desolación, otro hombre que llevara las cenizas de su hijo en una urna. Imposible dominar la cólera, refrenar las palabras contra el héroe de taimadas palabras, vector del destino, la azagaya que contra el olvido proyectarán los hados, la gloria amarga del guerrero invulnerable.

Odiseo se apiada. Él también desearía aquellos ropajes para esquivar al mar color de vino y a las orgullosas colinas de Ilión. También él desearía no hablar y mirar en silencio, hacer como que no ha visto, escuchar los reproches de la madre y dar media vuelta hacia la nave cóncava que hiende las olas y la espuma, que no teme a la noche. Pero es portador de la maldición de la palabra y escucha atónito su propia voz de mercader, con la dulzura y la ponzoña para vencer la resistencia de la madre y ya tiende las armas entre los regalos, para que los ojos ávidos de Aquiles cumplan con el curso inexorable de los días.

# ESE HOMBRE DEL MAR

Tú eres el viejo     moreno por el sol
que acaba sus días con Penélope
y el perro que ladró por ti antes de morir
y extraviarse en los laberintos del tiempo
y el mendigo que se reconoció a sí mismo
y tu propio hijo crecido en tu ausencia
y los pretendientes que nunca sabrán
en verdad
quién los mató.

Aquel que no pudo olvidar en la isla de los lotófagos
eres tú
aquel que tampoco pudo perder la conciencia de sí
en la isla de los sentidos
que venció a su pesar dulcísimos hechizos
quien no puede evitar     ahora     que se desmoronen
el palacio y sus antaño recios cimientos
solo toscas piedras y heridas salinas.

Tú la casa y el telar que los dedos callosos de Penélope
tejían y destejían
así te cuenta
inventando historias que ya no recuerda
inventando la raíz del sueño
el simulacro de la felicidad.

Esa es tu odisea
la huella que nunca se borra
la lápida blanca

la lápida
la blanca
la luz robada por el Hades.

## Plegaria del que fue un héroe

Esto no es un poema, es una gota que encierra el universo, un cristal de agua. Una isla en la que me escondo, como me escondía de los dioses, en cualquier isla escarpada, entre las rocas, como un cangrejo, en los arroyos, en el regazo de las ninfas. Esto no es un poema, no hallaréis aquí quien narre ninguna gesta, es el oleaje que agita mi corazón, la mirada líquida de mis ojos que solo conocen el infinito y el horizonte de espuma, en busca de un pedazo de tierra donde reposar el espíritu, una porción de tierra donde amar.

Esto no es una mota de luz que viaja entre los siglos ni la espuma de la memoria definitiva, es el origen de mi cuerpo deseando, la llamada anterior, la llamada interrumpida, de quien solo desea olvidar aquellos días eternos, aquel que duerme en una cueva, el que ha abandonado los caminos y respira en las rocas.

Esta no es la luz peregrina, es tan solo la luz que despierta mis ojos por la mañana, la transparencia del cielo claro o el nublo de los días grises, mientras mis manos juegan con la arena, desnudo e ignorante. La luz que encierra la llama de mi existencia, la vida que se persigue incesante, el cuerpo al otro lado, tratando de andar, sin balbucear siquiera, un náufrago expulsado del mar, un hijo que recupera la tierra.

## EL ADIVINO DE MICENAS

En el llano ardiente de Micenas
turistas recorren el descampado
desde el último pinar hasta la ciudad emergida
tras siglos de sedimentos y escombros
hasta los supuestos caminos de Agamenón.

Bajo sombreros de paja y gafas de sol
los visitantes        vomitados por autobuses
nautas de tierra
contemplan las piedras oscuras
en trasiego incesante desde el Hades
en busca de la epopeya que siempre regresa
maldición del viaje sin fin
a través de los tiempos.

Una foto con las sombras en la avenida de los Atridas.
Al menos aquí resurgen las piedras
de Ítaca sobrevive apenas un nombre
y el de la paciente hilandera
y el de los amantes desventurados.
Ni piedras
ni estatuas
ni los frisos de los templos
ni el arco homicida
que solo aquel brazo era capaz de templar.

Una mirada sin odio al gran rey
conquistador de Asia
dominador de pueblos

al héroe dormido
aún vivo entre los grandes sillares
sus armas     sus máscaras     sus tesoros.

Un adivino espera al borde del camino
nadie se detiene.
Eres tú     Odiseo
que buscas en las ruinas de tu siglo
otra vida
otro siglo
otro
otra.

# ÍNDICE

ÍTACA BAJO EL MAR

se terminó de componer
en los albores del nuevo año,
la esperanza ilumina el futuro.